KONSTANZER UNIVERSITÄTSREDEN
HERAUSGEGEBEN VON GERHARD HESS
30
HUBERT SCHLEICHERT
LOGIK UND DENKEN

HUBERT SCHLEICHERT

LOGIK UND DENKEN

1970

Im Verlag der
Druckerei und Verlagsanstalt Konstanz
UNIVERSITÄTSVERLAG GMBH

ISBN 3 87940 005 9

© Druckerei und Verlagsanstalt Konstanz
Universitätsverlag GmbH, Konstanz, 1970

Gesamtherstellung: Druckerei und Verlagsanstalt Konstanz
Universitäts-Druckerei GmbH Konstanz Am Fischmarkt

Seit etwa 80 Jahren ist von den Logikern eine Vielfalt von logischen Begriffen und Systemen entwickelt worden. Davon dient ein Großteil, und zwar gerade der raffinierteste Teil, der Untersuchung der Beziehungen zwischen Logik und Mathematik und allgemeiner der Untersuchung sogenannter Grundlagenprobleme der Mathematik. Nur ein kleiner Ausschnitt aus dem breiten Spektrum logischer Theorien und Systeme ist für die Anwendung auf etwas weniger abstrakte Fragen verwertbar. Dieser Ausschnitt allerdings ist trotz – oder gerade wegen – seiner Einfachheit von sehr vielseitiger Brauchbarkeit, und er ist auch ein hervorragendes Instrument zur Klärung der Frage, wie das menschliche Denken im einzelnen funktioniert.

Der Plan meines Vortrages ist,

1. eine Skizze des in Frage kommenden logischen Systems zu geben,
2. anzudeuten, wie man durch Kombination der in diesem System beschriebenen Einzelschritte beliebig komplizierte Abläufe beziehungsweise Leistungen konstruieren kann und wie man sich damit von einer etwas überraschenden Seite her dem menschlichen Denken allmählich nähern kann,
3. werde ich an Hand von Beispielen erläutern, wie komplexe Abläufe – und das menschliche Denken ist ein sehr komplexer Prozeß – mit den Hilfsmitteln der Logik analysiert, das heißt in besser verständliche Teilprozesse zerlegt werden können,
4. werde ich abschließend ein paar prinzipielle Bemerkungen zum Verhältnis von formaler Logik und inhaltlichem Denken machen.

Wir wollen jetzt irgendwelche Sätze betrachten, zum Beispiel »Konstanz ist eine typische Provinzstadt« oder »Heute ist Dienstag« oder »Acht ist eine Primzahl«. Auch letzteres ist ja ein sinnvoller Satz, aber er ist falsch. Sätze sind also entweder wahr oder sie sind falsch; mehr interessiert uns daran nicht. Kürzen wir Sätze durch Großbuchstaben ab, wahr durch w und falsch durch f, dann können wir folgende Wahrheitstafel aufstellen:

S
w
f

Nun führen wir die Verneinung ein, damit wir Sätze wie »Acht ist keine Primzahl« formulieren können. Ein negierter Satz ist genau dann wahr, wenn der nicht-negierte Satz falsch ist, er ist falsch, wenn der nicht-negierte Satz wahr ist. Die Negation wird durch einen Haken vor dem betreffenden Satz symbolisiert, und wir erhalten damit folgende Wahrheitstafel:

S	$\neg$S
w	f
f	w

Schließlich soll die Bildung zusammengesetzter Sätze ermöglicht werden, wozu wir die Satzverknüpfungszeichen UND und ODER einführen. Der Satz »P UND Q« soll nur dann wahr sein, wenn sowohl P als auch Q wahr sind; der Satz »P ODER Q« soll wahr sein, wenn mindestens einer der beiden Sätze P, Q wahr ist, das heißt wenn P wahr ist, wenn Q wahr ist oder wenn beide wahr sind. Es handelt sich also um das nicht-ausschließende ODER. Mit den Symbolen $\wedge$ für UND und $\vee$ für ODER erhalten wir folgende Tabelle:

P	Q	P $\wedge$ Q	P $\vee$ Q
w	w	w	w
w	f	f	w
f	w	f	w
f	f	f	f

Mit diesen bescheidenen, aber sauber definierten Mitteln sind wir in der Lage, eine große Zahl von zusammengesetzten Sätzen wiederzugeben. Nehmen wir zum Beispiel das ausschließende ODER.

Der Satz »Entweder P oder Q, aber nicht beides« ist nur dann wahr, wenn genau einer der beiden Sätze P, Q wahr ist. Wir können dies bereits mit den uns zur Verfügung stehenden Verknüpfungszeichen ausdrücken:

P	Q	P oder' Q	$(P \vee Q) \wedge \neg(P \wedge Q)$
w	w	f	f
w	f	w	w
f	w	w	w
f	f	f	f

Der hier umrissene Formalismus geht auf den Logiker und Mathematiker *George Boole* zurück und wird deshalb auch als Boolesche Logik oder auch als Boolesche Algebra bezeichnet. Die Boolesche Logik setzt uns in die Lage, komplizierte Aussagen präzise zu formulieren und zu berechnen, wie die Wahrheit solcher Aussagen von der Wahrheit beziehungsweise Falschheit der Teilsätze abhängt. Als Beispiel diene die Frage, ob der Satz:

»Entweder wird das Wahlrecht nicht geändert, oder kleine Parteien werden nicht mehr im Bundestag vertreten sein; andererseits muß die regierende Partei entweder mit kleinen Parteien koalieren, oder das Wahlrecht wird geändert werden«

wahr ist, wenn das Wahlrecht nicht geändert wird, die regierende Partei nicht mit kleinen Parteien koalieren muß und kleine Parteien nicht im Bundestag vertreten sein werden. Die Frage läßt sich durch folgende Tabelle (und zwar positiv) beantworten:

W	K	R	$(\neg W \vee \neg K)$	$(\neg R \vee W)$	$(\neg W \vee \neg K) \wedge (\neg R \vee W)$
w	w	w	f	w	f
w	w	f	f	f	f
w	f	w	w	w	w
w	f	f	w	f	f
f	w	w	w	f	f
f	w	f	w	w	w
f	f	w	w	f	f
f	f	f	w	w	w

Es war der Informationstheoretiker *Shannon*, der zuerst darauf hinwies, daß die gerade geschilderte Logik sich hervorragend eignet zur Beschreibung von elektrischen Schaltern und Systemen –

oder, wie wir heute gerne sagen, Netzwerken – von Schaltern. Ein Schalter hat genau 2 Stellungen: EIN oder AUS, genau wie eine Aussage die zwei Werte WAHR oder FALSCH hat:

Aussage P	Schalter S
w	
f	

Schaltet man zwei Schalter hintereinander, dann erhält man genau die durch das logische UND beschriebenen Eigenschaften: Nur wenn sowohl Schalter S1 als auch Schalter S2 geschlossen sind, kann Strom durch das System fließen. Schaltet man dagegen zwei Schalter parallel, dann realisiert man genau das logische (nichtausschließende) ODER: Nur wenn beide Schalter offen sind, kann kein Strom fließen.

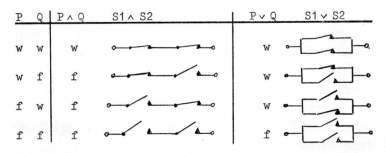

Durch Kombination solcher Schaltungen läßt sich nun jede beliebige aussagenlogische Formel, das heißt jeder zusammengesetzte Satz, in ein Schaltnetzwerk übersetzen, das exakt dieselben Eigenschaften besitzt. Als Beispiel diene die Schaltung, welche dem früher gebrachten Problem mit dem Wahlrecht entspricht (S. 9 oben).

Die Boolesche Logik läßt sich also auch als Theorie der Schaltnetzwerke interpretieren. Alles, was die Logik an formalen Lehrsätzen erarbeitet hat – und das ist natürlich viel mehr, als hier auch nur angedeutet werden kann –, steht damit direkt zur Konstruktion und Analyse solcher Netzwerke zur Verfügung.

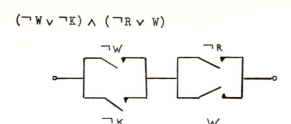

Aus der logischen Theorie der Schaltwerke entwickelte sich einige Jahre später ein neuer Anwendungsbereich der Logik. 1943 veröffentlichten *Warren McCulloch* und *Walter Pitts* eine Arbeit mit dem Titel »Logischer Kalkül der Grundprinzipien der Nervenaktivität«. In dieser bahnbrechenden Arbeit wird gezeigt, daß sich alle aussagenlogischen Formeln nicht nur durch elektrische Schaltnetzwerke realisieren lassen, sondern auch durch Netzwerke von abstrakten Nervenzellen.

Als Schaltelemente dienen idealisierte Nervenzellen (›abstrakte Neuronen‹), die nur durch ganz wenige Eigenschaften der wirklichen Nervenzellen charakterisiert werden. Abstrakte Neuronen bestehen aus einem Zellkörper und Leitungen, in denen Impulse zu anderen Zellkörpern geleitet werden können. Die Leitungen berühren den Zellkörper anderer Neuronen; es gibt zwei Arten von Leitungen: solche, die das berührte Neuron erregen, das heißt zur Abgabe eines Impulses veranlassen, und solche, die die Impulsabgabe hemmen. Um eine Zelle zur Abgabe eines Impulses zu veranlassen, muß sie von anderen Leitungen erregt werden, und zwar mindestens bis zu einem bestimmten Schwellenwert: Das ist das sogenannte ›Alles-oder-Nichts-Gesetz‹. Die Zelle feuert entweder einen vollständigen Impuls ab oder gar keinen, das heißt die Leitungen besitzen genau zwei Zustände, erregt oder nichterregt. Von der Erregung einer Zelle bis zum Abfeuern des Impulses vergeht eine bestimmte Zeit, genannt synaptische Verzögerung. Diese Zeitspanne setzen wir im Folgenden als Zeiteinheit fest, sie hat also den Betrag 1.

Hat ein Neuron den Schwellenwert h=1 (gemessen in einer passenden Einheit) und wird es nur von einer erregenden Leitung berührt, dann wird ein zur Zeit t−1 durch die Leitung S ankommender Impuls zur Zeit t an der abgehenden Leitung R weitergegeben:

$$S \longrightarrow \boxed{h=1} \longrightarrow R$$

$$R_t = S_{t-1}$$

Gibt es zwei erregende Eingänge, P, Q, dann verhält sich ein Neuron mit Schwellenwert 1 gemäß der Tafel des logischen ODER, ein Neuron mit Schwellenwert 2 gemäß der Tafel des logischen UND:

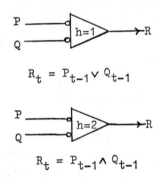

$$R_t = P_{t-1} \vee Q_{t-1}$$

$$R_t = P_{t-1} \wedge Q_{t-1}$$

Die Negation schließlich wird dargestellt durch ein Neuron mit dem Schwellenwert h=1 und zwei Eingängen, von denen einer dauernd erregt ist und der andere hemmend wirkt:

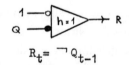

$$R_t = \neg Q_{t-1}$$

Durch passende Zusammenschaltung solcher Elemente läßt sich wieder jede beliebige Formel der Booleschen Logik als Netzwerk realisieren. Ich gebe als Beispiel ohne weiteren Kommentar wieder die Formel:

$(\neg W \lor \neg K) \land (\neg R \lor W)$

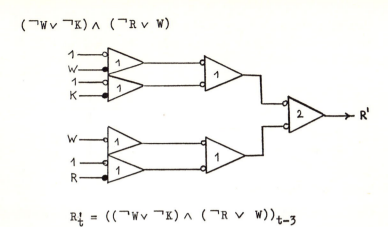

$R'_t = ((\neg W \lor \neg K) \land (\neg R \lor W))_{t-3}$

Durch Rückführung eines Impulses an den Eingang des feuernden Neurons läßt sich eine Art dynamisches Gedächtnis konstruieren. Hat zum Beispiel ein Neuron den Schwellenwert $h=1$ und führt der Ausgang R als erregende Leitung an den Eingang zurück, dann bleibt das Neuron dauernd erregt, sofern es irgendwann einmal erregt wurde. Ein einmal getroffener Impuls S steht dadurch auch später jederzeit zur Verfügung:

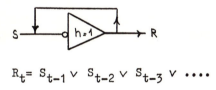

$R_t = S_{t-1} \lor S_{t-2} \lor S_{t-3} \lor \ldots$

Es läßt sich übrigens zeigen, daß alle Booleschen Funktionen mit nur einer einzigen Art von Neuron realisierbar sind. Es handelt sich um eine Zelle mit dem Schwellenwert $h=1$, zwei dauernd erregten Eingängen und zwei variablen, hemmenden Eingängen. Das dabei festzustellende Verhalten entspricht der sogenannten Unverträglichkeit (die durch einen Strich, /, symbolisiert wird). Die Unverträglichkeit wurde schon viel früher von dem Logiker *Sheffer* eingeführt und galt jahrzehntelang als ein Kuriosum, mit dem man nicht viel anzufangen wußte. Im Rahmen der Theorie der Nervennetzwerke hat sie plötzlich praktische Bedeutung bekommen.

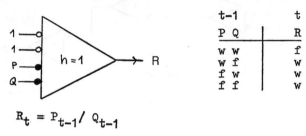

$R_t = P_{t-1} / Q_{t-1}$

Die Unverträglichkeit ist nur eines von mehreren Beispielen dafür, wie man auch mit völlig anderen Schaltelementen, als es die Elemente für UND, ODER und NICHT sind, alle aussagenlogischen Ausdrücke darstellen kann. Diese praktisch sehr wichtige Einsicht wird fundiert durch die Theorie der Ersetzbarkeit einzelner logischer Konstanten durch andere – eine Theorie, die seit langem einen gut bekannten Teil der Booleschen Logik bildet.

Soviel zur Theorie der Nervennetzwerke im einzelnen. Es ist bekannt, daß die wirklichen Nervenzellen ungleich komplizierter funktionieren als unsere abstrakten Neuronen. Aber nachdem das theoretische Eis einmal gebrochen ist, ist der Logiker prinzipiell in der Lage, auch viel kompliziertere Neuronen zu beschreiben und die Wirkungsweise entsprechender Nervennetze zu untersuchen. Wie das einzelne Neuron tatsächlich funktioniert, das können uns allerdings nur die Neurologen sagen.

Fassen wir zusammen: Zu jeder noch so komplizierten logischen Funktion läßt sich ein entsprechendes Nervennetzwerk angeben, sobald die Wirkungsweise der einzelnen Neuronen vorgegeben ist. Umgekehrt läßt sich für jedes vorgegebene Netzwerk die Wirkungsweise logisch berechnen, sobald die Wirkungsweise der Elemente bekannt ist. Das ist ein sehr beachtliches Ergebnis; um es richtig einzuschätzen, muß man allerdings bedenken, daß das menschliche Gehirn, um das es ja letzten Endes geht, wenn man kortikale und subkortikale Systeme zusammenrechnet, etwa 15 Milliarden Nervenzellen enthält.

Was ist aber insgesamt mit solchen Erörterungen für unser Problem gewonnen? Zur Beantwortung dieser Frage muß an ein heute völlig gesichertes Faktum erinnert werden: Das gesamtpsychische Geschehen – Wahrnehmen, Fühlen, Erinnern, Vergessen, Verstehen, Mißverstehen, Denken, Wollen und so fort – ist ausnahmslos an nervöse Prozesse gebunden. Jedem psychischen Ablauf, sei er klar bewußt, völlig unbewußt oder halbbewußt, entspricht ein nervöses Geschehen. Die Wahrnehmung des Lichtes einer Lampe ist ebenso unlösbar mit dem Ablauf von Impulsen im Nervennetz verknüpft wie der Vorsatz, bei einem langweiligen Vortrag nicht einzuschlafen, oder auch wie eine schwierige logische Überlegung über das Denken. Und das Ziel der Psychologie muß darum letztlich sein: zu verstehen, wie es logisch und physiologisch möglich ist, aus den relativ primitiven Impulsabläufen ein derart komplexes Geschehen zusammenzusetzen. Die logische Analyse und Synthese von Nervennetzwerken ist ein vielversprechender Ansatz zum Verständnis dieser Probleme.

Daß die logische Theorie der Netzwerke sich nicht in dem vorhin skizzierten Bereich erschöpft, sei hier nur angedeutet. So hat zum Beispiel *John von Neumann* untersucht, wie sich Netzwerke verhalten, bei denen jedes Schaltelement eine gewisse zufällige Unzuverlässigkeit aufweist. Er hat insbesondere gezeigt, auf welche Weise man aus unzuverlässigen Elementen verläßliche Netzwerke aufbauen kann. Damit kommt man den biologischen Verhältnissen schon viel näher. – Und *James T. Culbertson* hat erstmals versucht, das Auftreten von Bewußtsein mit der Existenz ganz bestimmter Netzwerke in ursächliche Beziehung zu bringen.

Schließlich soll eine in ihrer Bedeutung heute noch nicht voll zu überblickende Entwicklung erwähnt werden. 1958 erfand der amerikanische Forscher *Rosenblatt* ein neuartiges Netzwerk, das den Namen Perceptron trägt. Das Perceptron ist ein grobes Modell des Auges; es besteht aus einer Schicht von Fotorezeptoren mit Schwellenwerten, Rezeptoren also, die dem Alles-oder-Nichts-Gesetz unterliegen. Darauf folgen eine oder mehrere Schichten von Nervenzellen der früher besprochenen Art. Diese Schichten sind mit den Rezeptoren regellos verbunden und dienen dem Zusammenfassen und Verknüpfen von Erregungskonstellationen, weshalb man auch von »Assoziationsschichten« spricht. (Je nach dem Schwellenwert entspricht die Arbeitsweise der Assoziationszellen dem logischen UND, dem logischen ODER oder noch komplizierteren logischen Verknüpfungen.) Es folgen veränderbare Verstärkerelemente, Summierglieder und schließlich wieder Nervenzellen.

Die Wirkungsweise der Anordnung ist mit den bisher geschilderten logischen Mitteln durchaus erfaßbar. Trotzdem ist es erstaunlich, daß durch zweckmäßige Veränderungen der Verstärkerelemente die ganze Anordnung zu lernen beginnt. Durch (sehr oft) wiederholte Belehrung gelingt es zum Beispiel, der Anordnung das Erkennen von Buchstaben, Ziffern und einfachen Strichzeichnungen beizubringen. Es ist dies ein erstes, zwar noch wenig befriedigendes, aber doch schon funktionierendes Modell der optischen Informationsverarbeitung. Bessere Modelle werden sicher folgen.

Die Brauchbarkeit logischer Untersuchungen für die Erforschung des Denkens ist aber mit dieser heute doch noch recht theoretischen Seite keineswegs erschöpft. Es ist naheliegend, einen uns derart **vertrauten** Prozeß wie das menschliche Denken nicht nur modellhaft aus einfachen Elementen nachzukonstruieren, sondern auch alle aus der Selbstbeobachtung oder aus der psychologischen Beobachtung anderer Menschen erhältlichen Daten zu berücksichtigen. Denken stellt sich hier als ein komplexer Prozeß dar, dessen Gliederung und zeitlicher Ablauf untersucht werden sollen.

Betrachten wir nun eine besonders umfangreiche und typische Klasse von Denkleistungen, nämlich das Lösen von Aufgaben. Zu

Beginn eines Prozesses ist also eine Aufgabe gestellt, die im Verlauf des Prozesses gelöst werden soll. Dabei gibt es höchst verschiedene Aufgabentypen und dementsprechend verschiedene Kriterien dafür, ob eine Aufgabe gelöst ist. Aufgaben in diesem Sinne sind etwa:
Mathematische Probleme,
»Sagen Sie irgendein Wort!«
»Welches Wort fällt Ihnen als erstes zu dem Wort ›Sofakissen‹ ein?«
»Lesen Sie einen Text genau durch und korrigieren Sie alle orthographischen Fehler!«
»Geben Sie eine Zusammenfassung dieses Textes!«
Denksportaufgaben aller Art,
»Finden Sie mit Hilfe eines Stadtplanes den Weg durch eine fremde Stadt!«
»Übersetzen Sie diesen Text in eine andere Sprache!«
Unter logischer Analyse von Denkprozessen kann man dann sinnvollerweise verstehen: die Angabe aller zur Lösung mindestens erforderlichen Schritte und Entscheidungen, einschließlich der dabei zu befolgenden Reihenfolge. Ich will das an Hand einiger Beispiele verdeutlichen und zu zeigen versuchen, inwiefern ein solches Unternehmen für die Untersuchung des menschlichen Denkens Wert haben könnte. Von vorneherein ist dabei zu betonen, daß Hypothesen über den wirklichen Denkprozeß nicht durch logische Überlegungen allein überprüft werden können; der Logiker kann zunächst nur sagen, wie die Aufgabe gelöst werden könnte.
Und diese Aussage wird zum wirklichen Denken in sehr verschiedenen Beziehungen stehen können. Nehmen wir als Beispiel die Aufgabe, arabische Zahlen in römische Zahlen zu übersetzen. Hier handelt es sich zunächst darum, die Abfolge der Einzelschritte eines Prozesses aufzufinden, der im allgemeinen so rasch abläuft, daß nicht alle Einzelschritte bewußt werden. Insbesondere soll die Analyse das gesamte zur Lösung der Aufgabe erforderliche Wissen

oder Können sichtbar machen. Von letzterem wird ja je nach der speziellen Aufgabe stets nur ein gewisser Teil aktiviert.

Das Ergebnis der Analyse ließe sich in der bisher benützten Schreibweise nur sehr umständlich darstellen, man verwendet deshalb sogenannte Ablauf- oder Flußdiagramme. Die zeitlichen Relationen und die logischen Verknüpfungen durch UND und ODER ergeben sich dabei unmittelbar aus der Struktur der Diagramme.

Für die Übersetzung von arabischen Zahlen in römische ist das Flußdiagramm auf S. 17 ausgearbeitet worden.

An diesem Schema fällt auf, daß es für den Durchschnittsmenschen offenbar einfacher ist, ein Dutzend arabische Zahlen in römische zu transkribieren, als anzugeben, nach welchem allgemeinen Schema die Transkription vorgenommen wird. Und doch muß ein solches Schema dem Menschen in irgendeiner Form zur Verfügung stehen, wenn das Umrechnen immer korrekt erfolgen soll. Ob der Mensch immer in der Lage ist, das Schema explizit anzugeben, ist eine andere Frage. Es gibt viele Leistungen, die ein intelligenter Mensch vollbringen kann, ohne daß er uns sagen kann, wie er die Leistung im einzelnen zuwege gebracht hat. Man denke nur an das Übersetzen von einer Sprache in die andere, aber auch an das scheinbar so elementare Vermögen, Zeichen wiederzuerkennen, insbesondere das Lesen und Schreiben zu erlernen. Die Introspektion hat hier eine Grenze, jenseits derer sie unergiebig und unbrauchbar wird.

Aber zurück zu unserem Beispiel. Wir haben also ein Modell für einen speziellen Denkablauf gefunden. Das Modell leistet nach außen hin dasselbe wie der Mensch. Wüßten wir vom Menschen weiter nichts, das heißt betrieben wir nur Logik, aber keine Denkpsychologie, dann würden wir mit ruhigem Gewissen sagen: Hier ist ein Schema zur Lösung einer Aufgabe, und nach diesem Schema könnte der denkende Mensch das Problem bewältigen. Aber tut er es wirklich?

Damit beginnt eigentlich erst jene Problematik, zu deren Bewältigung Logik und Psychologie zwangsläufig zusammenarbeiten

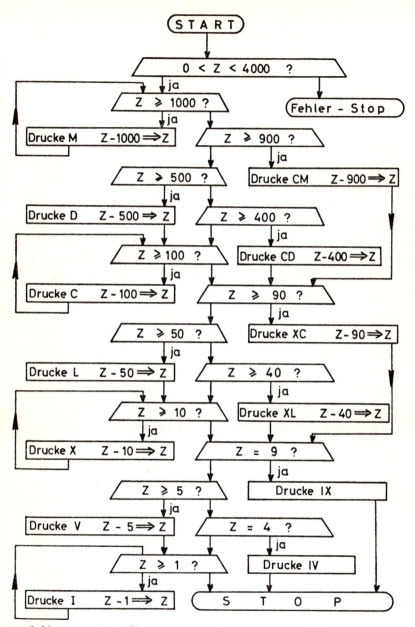

Flußdiagramm für das Übersetzen von arabischen in römische Zahlen

müssen. Wir müssen nämlich jetzt fragen, welche Hinweise dafür existieren, daß den einzelnen Teilen des Modells auch wirklich einzelne Teilvorgänge des Denkens entsprechen. Es ist zum Beispiel zu prüfen, ob alle im Modell aufscheinenden Entscheidungen im wirklichen Denkablauf tatsächlich getroffen werden, und wenn ja, ob alle in derselben Art. Nun wird es zum Beispiel kaum jemand geben, der aus der Selbstbeobachtung berichtet, daß er zur Übersetzung der arabischen Zahl 50 in römische Zahlzeichen zuerst feststellt, 50 sei kleiner als 4000, kleiner als 1000, 900, 500 und so fort und so fort. Praktisch ist es doch so, daß zur Transkription der Zahl 1000 in das Zeichen M genausoviel Zeit benötigt wird wie zur Transkription der Zahl 1 in das Zeichen I. Liefe die Umrechnung jedoch nach dem obigen Schema ab, dann wären für die Zahl 1000 drei Entscheidungen nötig, bis die Zahl völlig abgearbeitet ist, für die Zahl 1 dagegen 14 Entscheidungen.

Man hat nun die Wahl, entweder anzunehmen, daß die nötigen Entscheidungsprozesse so schnell ablaufen, daß sich ihre Anzahl äußerlich nicht auswirkt. Oder man nimmt an, daß alle diese Entscheidungen gleichzeitig getroffen werden können. Oder man stellt die Hypothese auf, daß der Mensch viele wichtige Fälle vollständig im Gedächtnis aufbewahrt. Diese Fälle wären zum Beispiel alle »glatten« Zahlen wie 1000, 500, 100 und ferner alle Zahlen, die einer Sonderbehandlung bedürfen, also 999, 990, 499, 490, 99, 90. Natürlich sind auch noch andere Hypothesen denkbar. In jedem dieser Fälle müßte ein neues Ablaufschema, ein neues Modell entwickelt werden. An dieses Modell werden jetzt jedoch mehr Forderungen gestellt als nur die, daß es bestimmte Aufgaben löst: zusätzlich wird auch noch einiges hinsichtlich der Art des Lösungsverfahrens festgelegt.

Für die zuletzt genannte Hypothese etwa könnte man das Ablaufschema S. 19 konzipieren.

In diesem Schema wird berücksichtigt, daß es dem Menschen ohne Schwierigkeit möglich ist, aus einer Zahl einzelne Stellen getrennt zu bearbeiten, und daß er sich Sonderfälle, die einen umfangreicheren Arbeitsaufwand erfordern würden, ein für allemal merkt.

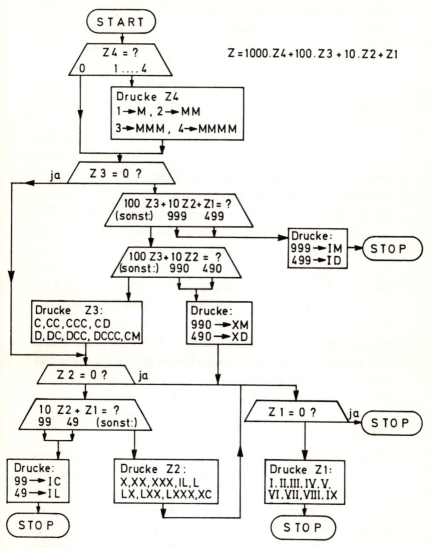

Modifiziertes Flußdiagramm für das Übersetzen von arabischen in römische Zahlen

Dem Gedächtnis entsprechen hier die Tabellen, die bei den einzelnen Druckbefehlen stehen.

Bei diesem Versuch, ein dem menschlichen Denken etwas ähnlicheres Modell zu finden, haben sich verhältnismäßig umfangreiche Tabellen ergeben. Der ganze Prozeß wird dadurch schneller (sofern die Tabellen gut organisiert sind), gleichzeitig aber wird das Gedächtnis belastet. Die Beziehungen zwischen der nötigen Gedächtniskapazität, dem Ausmaß an prinzipiell entbehrlichen Gedächtnisinhalten und der Geschwindigkeit, mit der Lösungen erreicht werden können, spielen also für unser Thema eine sehr wichtige Rolle. Und weiter zeigt sich, wie Tabellen und Listen wesentliche Hilfsmittel für das Verständnis von Denkabläufen sein können. Durch die Möglichkeit, derartige Listen recht verschieden anzulegen und in den Ablauf des Prozesses einzugliedern, sowie durch die hier nicht behandelte Möglichkeit, Hierarchien von Tabellen zu konzipieren, wird eine große Vielfalt an Modellen möglich.

In der Denkpsychologie wie im praktischen Leben sind aber bei weitem nicht alle Probleme nach eindeutigen Schemata, nach Algorithmen, lösbar. Zunächst kann man sich klarmachen, daß dem Ungeübten auch die Erledigung von Aufgaben schwerfällt, für die ein sicheres Lösungsverfahren existiert. Wir wissen alle, daß es zur Berechnung der Quadratwurzel einer Zahl ein sicheres Verfahren gibt, aber die wenigsten von uns beherrschen das Verfahren heute noch. Gerät man dennoch einmal in die Verlegenheit, diese Aufgabe lösen zu müssen, dann muß man sich durch Probieren helfen.

Betrachten wir das etwas näher an Hand der folgenden, unter dem Namen »Der Turm von Hanoi« bekannten Scheibenaufgabe. Gegeben ist eine Anzahl von Scheiben – im Bild sind es drei – zunehmender Größe, die auf Platz 1 geordnet aufeinanderliegen, die größte ganz unten, die kleinste ganz oben. Es soll nun dieselbe Anordnung auf Platz 3 aufgebaut werden, wobei immer nur eine Scheibe bewegt werden darf und niemals eine größere auf eine kleinere Scheibe gelegt wird. Platz 2 darf bei Bedarf als Zwischenplatz verwendet werden.

Für diese Aufgabe ist eine Methode bekannt, wie man für beliebig viele Scheiben die jeweils schnellste Folge von Zügen bestimmen kann. Für drei Scheiben ist dies eine Folge von sieben Einzelzügen, deren erster und zweiter im Bild dargestellt ist:

Anfangssituation:

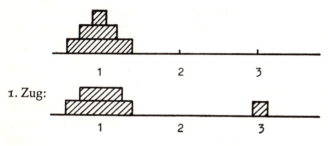

1. Zug:

2. Zug:

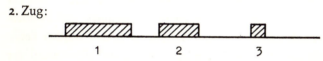

Die weiteren Züge sind hier noch leicht zu finden. Bei 5 Scheiben sind jedoch schon mindestens 31 Einzelzüge nötig, und kein durchschnittlicher Mensch kann das im Gedächtnis behalten, und das Berechnungsverfahren selbst ist auch zu kompliziert, um es ohne Mithilfe von Papier und Bleistift anwenden zu können.

Also bleibt gar nichts anderes übrig, als die Aufgabe durch Probieren zu lösen. Beobachtet man sich selbst oder andere einige Zeit bei dieser Methode, dann bemerkt man, wie sich bald gewisse Strategien ausbilden. Es ist ganz bestimmt nicht so, daß der Mensch wahllos Scheiben hin- und herbewegt, bis zufällig einmal der gesuchte Endzustand eintritt. Die Zahl der erlaubten Kombinationen steigt mit zunehmender Scheibenzahl so stark, daß ein völlig willkürliches Probieren praktisch niemals Erfolg haben würde.

Wir kennen heute insbesondere zwei Arten von Strategien, mit deren Hilfe der Mensch solche Situationen zu meistern versucht. Es sind dies die Herstellung von leichter überschaubaren Teilzielen und eine unter dem viel zu hoch gestochenen Namen »General Problem Solving« (GPS) bekannte Methode. Beides läßt sich mit der nötigen logischen Präzision darstellen.

Zunächst ein Beispiel für den ersten Fall. Es ist klar, daß die Lösung der Scheibenaufgabe damit beginnen muß, die größte Scheibe von Platz 1 nach Platz 3 zu transportieren. Dies ist ein Teilziel. Zu seiner Realisierung ist weiterhin erforderlich, daß zuvor ein Zustand erreicht wird, in dem Platz 3 leer ist und die größte Scheibe auf einem der beiden anderen Plätze liegt, und zwar allein. Dies ist also ein davorliegendes Teilziel.

Die Bildung solcher Unterziele ist eine sehr häufige Strategie. Sobald aber ein Unterziel konzipiert wurde, oder wenn von vorneherein ein leicht erreichbares Ziel vorgegeben ist, erhebt sich die Frage, wie dieses Ziel erreicht werden kann. Der tiefere Sinn der Teilzielbildung ist nun, daß in einem eingeengten Problemkreis durch Versuch und Irrtum eine Lösung gefunden werden kann. Diese primitive Methode ist jetzt möglich, weil die Anzahl der durchzuprobierenden Fälle gering geworden ist.

Damit kommt man zur Methode des »Allgemeinen Problemlösens«. Der Name ist zwar keineswegs berechtigt, aber für viele spezielle Probleme ist es eine sehr sinnvolle Methode. Es handelt sich um eine Kombination von wiederholter Teilzielbildung und Versuch und Irrtum. Vorgegeben sind eine Anfangssituation und Regeln, nach denen diese Situation verändert werden darf. Verlangt wird, eine bestimmte Endsituation beziehungsweise ein Teilziel aus der Anfangssituation mit Hilfe der Regeln herzustellen.

Intuitiv gesprochen, besteht nun stets zwischen Anfangs- und Zielsituation eine gewisse Distanz, die verschwinden soll. Das Problem besteht nun weiterhin darin, einen Distanzbegriff für den speziellen Fall so zu konstruieren, daß bei jeder zielführenden Veränderung der Anfangssituation die Distanz geringer wird, während sie bei ungünstigen Schritten größer wird oder gleich bleibt. Überall dort, wo ein solcher Distanzbegriff gefunden worden ist, läßt sich das Ziel durch Versuch und Irrtum oder, besser gesagt, durch Versuch und Kontrolle erreichen. Man probiert nämlich einfach eine Regel nach der anderen aus, so lange, bis sich die Distanz zum Ziel verringert hat. Mit der so erreichten neuen Situation verfährt man genauso, bis das Ziel erreicht ist. Da meist nur wenige Regeln in Frage kommen, ist das Verfahren recht effektiv.

Nachdem diese Strategie aus dem denkpsychologischen Material abgelesen worden ist, konnte man ihre Brauchbarkeit durch eine heute naheliegende Methode testen. Man programmiert mit dieser Strategie Rechenmaschinen und legt ihnen dieselben oder ähnliche Probleme zur Lösung vor. Ist die Lösungsstrategie zielführend, dann wird die Lösung auch maschinell gefunden, wie dies beim Turm von Hanoi auch wirklich der Fall ist.

Ein weiterer Testfall, der nach dem gleichen Schema gelöst werden konnte, ist das Problem »Schiebefax«. Es handelt sich in seiner einfachsten Form um ein Feld von 2 mal 3 Quadraten, auf denen 5 Plättchen mit den Zahlen 1, 2, 3, 4, 5 in beliebiger Anordnung liegen, während ein Quadrat frei bleibt:

Anfangssituation (Beispiel):

1	5	2
4		3

Gefordert wird, durch Verschieben der Plättchen die natürliche Reihenfolge (Zielsituation)

1	2	3
4	5	

herzustellen. In jeder einzelnen Situation sind nur zwei oder drei verschiedene Züge möglich. Man kann sie leicht durchprobieren.

Die Auswahl des besten Zuges kann nun wieder mit Hilfe von Distanzbegriffen geschehen. Nicht sehr intensive Beobachtungen an Menschen, die dieses Spiel erlernten, haben folgende Strategie nahegelegt:
1. Unterziel: richtige Reihenfolge herstellen.
   Distanzbegriff: Anzahl der vertauschten Zahlen.
   Beispiel einer völlig richtigen Reihenfolge:

4		1
5	3	2

2. Unterziel: die erreichte richtige Reihenfolge auf die verlangten Plätze bringen.
   Distanzbegriff: Anzahl der Felder, die zwischen Platz 1 und Plättchen 1 liegen.

Um zu kontrollieren, ob damit wirklich alle überhaupt lösbaren Aufgaben gelöst werden können, gibt man diese Strategie als Programm an eine Rechenmaschine und stellt ihr entsprechend schwere Aufgaben (siehe Anhang!).

Aber es lassen sich noch ernsthaftere Probleme nach der Methode »General Problem Solving« bewältigen. So ist es zum Beispiel gelungen, maschinell zu vorgelegten geometrischen Lehrsätzen oder zu Lehrsätzen der Aussagenlogik korrekte Ableitungen aus den Axiomen der Geometrie beziehungsweise der Aussagenlogik zu erbringen. Es muß betont werden, daß es für diese Aufgaben keinen allgemeinen Algorithmus gibt und daß man in der üblichen Terminologie die Lösung solcher Aufgaben bereits den sogenannten kreativen Fähigkeiten des Menschen zuschreiben muß. Parallellaufende psychologische Experimente zeigten, daß die verschiedenen Zwischenresultate und auch die vergeblichen Versuche beim Menschen meist dieselben sind wie bei der derart programmierten Maschine. Offenbar hat man also mit dem »Allgemeinen Problemlösen« eine Grundstruktur des menschlichen Denkens gefunden.

Solche Erfolge verleiten vielleicht zu der Vermutung, man habe bereits *die* allgemeine Methode des Denkens gefunden und es komme nur noch darauf an, für jedes Problem die passenden Distanzbegriffe zu finden. Leider ist das aber selbst für manche sehr präzise formulierbaren Probleme nicht gelungen, so zum Beispiel läßt sich der Distanzbegriff bisher kaum sinnvoll auf das Schachspiel anwenden. Darüber hinaus ist die Frage, ob es überhaupt für alle Problemarten brauchbare Distanzbegriffe geben kann, ungeklärt. Es ist dies eine Frage, zu deren Behandlung übrigens sehr hochentwickelte logische Theorien aufgeboten werden müßten.

Überblickt man das bisher Gesagte, dann erkennt man, daß zwei sehr verschiedene Wege gezeigt wurden, auf denen man mit logischen Mitteln dem Denken näherkommen kann. Es war dies einerseits die Aufstellung logischer Modelle der dem Denken zugrundeliegenden Nervervorgänge, andererseits logischer Modelle des Denkens, so wie wir es bewußt erleben oder zu erleben glauben.
In welcher Beziehung stehen beide Bereiche zueinander? Ich möchte nun in aller Schärfe folgendes behaupten: Sowohl die logische als auch die psychologische Analyse des Denkens sind nur dann konsequent und erfolgversprechend, wenn es gelingt, *die Kluft zwischen Inhalt und Form und die Kluft zwischen Bewußtseinspsychologie und Neurokybernetik zu überbrücken.*
Denken wir etwa an das Wahrnehmen von Zeichen oder Worten und an den Vorgang des Verstehens. Eine Folge von Reizkonstellationen trifft ein Sinnesorgan. Dort wird sie in nervöse Impulse umgewandelt, die über einige Schaltstellen dem Seh- oder Hörnerven zugeleitet werden und über diesen ins Gehirn laufen. Bis hierher verläuft alles unbewußt; es fließen Impulse, zu deren Analyse die Logik der nervösen Prozesse eine brauchbare Methode ist. Dieser Teil der Angelegenheit wird von den meisten Psychologen und Philosophen eher verächtlich betrachtet.

Wenn die Impulse im Gehirn eingetroffen sind, tritt scheinbar plötzlich und ohne verständlichen Zusammenhang ein bewußtes Erleben auf, die Zeichen werden verstanden und mit Verständnis verarbeitet. Das ist das Gebiet, mit dem sich Psychologen und Philosophen besonders gerne befassen. Die logische Analyse ist zwar auch hier erlaubt, aber es liegen ihr nun nicht mehr Impulsfolgen, sondern Inhalte, nicht bloß Wörter oder Wortfolgen, sondern verstandene Wörter oder verstandene Sätze zugrunde. So etwa können zwei verschiedene Wörter dasselbe bedeuten, oder ein Wort hat verschiedene Bedeutungen. Beides ist durch eine formale Inspektion der Wörter nicht feststellbar. Und die Logik hat diesem Faktum seit jeher Rechnung zu tragen gehabt; so gehört zum Beispiel die Lehre von den logischen Trugschlüssen durch Mehrdeutigkeit der Termini zum festen Repertoire schon der klassischen Logik. Trugschlüsse dieser Art sind nur durch inhaltliche Überlegungen aufzufinden, das heißt nur dann, wenn man die Termini versteht.

Ein Mensch hat also ein Wort gehört und versteht es; was ist aber inzwischen mit den nervösen Impulsen geschehen? Die Antwort ist heute völlig gesichert: Die Impulse verschwinden keineswegs, sobald der Höhenflug der Gedanken einsetzt, sondern sie bilden deren unerläßliche Bedingung. Ein Mensch macht eine Mitteilung durch Schallsignale; ein anderer empfängt die Signale, wandelt sie in nervöse Signale um und versteht. Aber inzwischen haben sich die Signale keineswegs diskret vor dem menschlichen Geist zurückgezogen. Also ist auch weiterhin die formale, das heißt vom Inhalt absehende logische Analyse der Signale anwendbar, auch im Gehirn und auch während bewußter Vorgänge. Gleichzeitig aber läuft unbestreitbar ein Geschehen ab, auf das Begriffe wie ›Inhalt‹, ›Verstehen‹, ›Bedeutung‹ angewendet werden müssen.

Zum Glück sind wir heute auf diese Problematik gut vorbereitet. Begriffsunterscheidungen wie ›Wort – Gegenstand‹, ›Zeichen – Bezeichnetes‹, ›Symbol – Symbolisiertes‹ werden in der Logik schon seit langem benützt. Ein elementares Beispiel:

Inhaltliche Redeweise: Konstanz liegt am Bodensee.
Formale Redeweise: ›Konstanz‹ hat 8 Buchstaben.
Unsinnige Vermischungen: Konstanz hat 8 Buchstaben, ›Konstanz‹ liegt am Bodensee.

Der Unterschied liegt in der Tatsache, daß man den formalen Satz überprüfen kann, ohne irgend etwas über Geographie im allgemeinen und die Stadt Konstanz im besonderen zu wissen; man muß nämlich nur die Buchstaben der Schreibfigur ›Konstanz‹ zählen, man befaßt sich, allgemein gesprochen, nur mit Zeichen, nicht mit Bezeichnetem. Demgegenüber ist zur Kontrolle des inhaltlichen Satzes ein entsprechendes geographisches Wissen beziehungsweise eine empirische Untersuchung nötig.

Es liegt nahe, auch alle im menschlichen Nervennetz ablaufenden Impulse, die dem psychischen Geschehen zugrunde liegen, als Zeichen, als Signale aufzufassen. Tut man das, dann erhebt sich sofort die Frage, wo denn das Zeichen, die Impulsfolgen, aufhört und wo das Gemeinte, das Verständnis, der Inhalt anfängt. Das ist eine schwerwiegende Frage; nirgendwo in meinem Hirn ist etwas Blaues zu finden, wenn ich den blauen Himmel sehe, und wenn ich verstehe, daß mich in diesem Augenblick ein Kollege gerade wieder für ein borniertes Rindvieh hält, dann ist – bei allem Verständnis – weder in seinem noch in meinem Gehirn ein solches Tier zu finden. Und das noch dazu unabhängig davon, ob der Mann recht hat oder nicht.

Es hat keinen Sinn, hier abzubrechen und auf die Autonomie oder Würde des Menschen oder des Geistes hinzuweisen. Der Geist mag wehen, wann, wohin und wie er will, ohne nervöses Geschehen kann er es in keinem Fall. Wer davon abstrahieren will, verhält sich wie jene alten Biologieschulbücher, in denen der Mensch keine Geschlechtsorgane besaß, weil das so schrecklich peinlich war.

Wir müssen also die Frage stellen, ob man Inhaltliches auf Formales, auf Zeichenkonstellationen reduzieren kann. Im Speziellen lautet die Frage: Wenn alles neurologische Geschehen nur Zeichencharakter hat, ist es dann möglich, alle sogenannten semantischen, das heißt inhaltlichen Leistungen des Denkens vollständig auf neurologisches Geschehen zu reduzieren? Wenn zum Beispiel – um es noch anders zu formulieren – sprachliche Mitteilungen verstanden werden, ist es möglich, dies als einen zeichenimmanenten, innersprachlichen Vorgang darzustellen? Es ist nur eine andere Variante, wenn wir fragen, ob eine absolut sinngetreue maschinelle Sprachübersetzung möglich ist, oder wenn wir fragen, ob Maschinen, denen ein Satz vorgelegt wird, jemals alles das werden leisten können, was ein Mensch leisten kann, der den Satz nicht bloß gehört, sondern auch verstanden hat.

Die Problematik, ob sich Inhaltliches auf Formales reduzieren läßt, ist in der modernen Logik gut bekannt. Es war der geniale Philosoph *Rudolf Carnap*, der 1928 in seinem Werk »Der logische Aufbau der Welt« erstmals den Gedanken konzipierte, daß die gesamte Beschreibung der Welt ohne Zuhilfenahme von Namen oder expliziten Raum-Zeit-Angaben durchführbar sei, und zwar nur mittels struktureller Beschreibungen. Bedeutungen, die dem verstehenden Menschen durch komplizierte Akte des Hinzeigens oder Vormachens erklärt werden, werden in dieser Theorie durch Systeme von strukturellen Relationen dargestellt.

Carnap benützte als Ausgangspunkt die von *Bertrand Russell* entwickelte Theorie der Kennzeichnungen. Kennzeichnungen sind Formulierungen, die es erlauben, einen bestimmten Gegenstand eindeutig zu bezeichnen, ohne jedoch den Namen des Gegenstandes zu benützen. So ist »Der höchste Berg des Schwarzwaldes« eine Kennzeichnung, die eine bestimmte Erhebung ebenso eindeutig bezeichnet, wie es der Name »Feldberg« tut.

In solchen Kennzeichnungen kommen gewöhnlich selbst wieder Namen vor, allerdings nicht die Namen des intendierten Gegenstandes. Carnaps These war es nun, daß sich die Verwendung von Namen und die damit zusammenhängende Tätigkeit der Bedeutungserklärung von Namen ausschalten läßt und durch ein entsprechend großes Netz von Strukturrelationen ersetzen läßt, ohne daß dabei Informationsgehalt verlorengeht. Ein Beispiel soll das verdeutlichen:

Inhaltliche Rede: Die Stadt Konstanz
Kennzeichnung: Die größte Stadt am Bodensee
Strukturelle Darstellung: Jener Punkt, der die strukturellen Eigenschaften des Punktes K im folgenden Eisenbahnnetz besitzt:

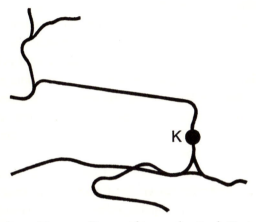

(Sollte dieses Netz zur Kennzeichnung der Stadt Konstanz nicht ausreichen, dann muß man ein entsprechend größeres Netz verwenden, so lange, bis die Kennzeichnung eindeutig wird.)

Carnaps These, für die dieses Beispiel natürlich nur eine Erläuterung, aber kein Beweis ist, lautete: Jede wissenschaftliche Aussage kann grundsätzlich so umgeformt werden, daß sie nur noch eine Strukturaussage ist. Zur Verdeutlichung möchte ich hier noch ein völlig anderes Beispiel skizzieren. Jemand erzählt uns, es sei an einem bestimmten Tag dort und dort strahlend blauer Himmel gewesen, und gleichzeitig sei ein Wolkenbruch niedergegangen. Diese Erzählung ist formal-logisch absolut korrekt, wird aber bei inhaltlichem Verständnis als paradox empfunden. Läßt sich diese Feststellung, hier sei inhaltlich etwas nicht in Ordnung, auch rein strukturell treffen?

Die Frage kann positiv beantwortet werden. Es ist dazu allerdings erforderlich, das einschlägige Wissen, das nötig ist, um den paradoxen Charakter der Erzählung einzusehen, explizit anzugeben. Sobald man etwa formuliert: »Wenn es regnet, ist der Himmel nicht blau; es regnet, und der Himmel ist blau« läßt sich der paradoxe, das heißt der widersprüchliche Charakter der Formulierung ohne Bezugnahme auf Inhalte rein formal feststellen – zum Beispiel auch durch eine Maschine.

Stellt man sich vor, daß alles Wissen des Menschen in Form von neurologischen Zuständen oder Abläufen vorhanden ist – und wie anders sollte es wohl vorhanden sein? –, dann wird nahegelegt, daß auch Leistungen, die ein inhaltliches Verständnis erfordern, vollständig auf der Signalebene erbracht werden können. Dem inhaltlichen Verstehen eines Satzes, einer Information, entspricht jetzt ein Einordnen der Zeichenfolge in ein System bereits vorhandener Zeichenfolgen.

Natürlich läßt sich die generelle Behauptung der Universalität struktureller Beschreibungsverfahren nicht durch einige simple Beispiele beweisen. Es ist eine Hypothese wie so viele andere wissenschaftliche Hypothesen auch. Immerhin hat man heute schon relativ konkrete Vorstellungen darüber, wie diese Hypothese auch für komplexere Denkleistungen aufrechterhalten werden kann. Solche Leistungen sind zum Beispiel: das Umformulieren eines vorgelegten Satzes oder Textes, die Beurteilung, ob ein Satz oder Text alte oder neue Informationen beinhaltet, ob er vorhandener Erfahrung widerspricht oder vorhandene Hypothesen modifiziert, die Herstellung einer brauchbaren Zusammenfassung für einen vorgelegten längeren Text.

Umgekehrt dürfen wir heute die naturwissenschaftliche Hypothese von der durchgehenden Fundierung alles psychischen Geschehens auf nervösen Prozessen als gesichert betrachten. Und dies wieder ist ein Modell, das sehr für die Richtigkeit der Carnapschen Hypothese von der Möglichkeit rein struktureller Beschreibung spricht.

Denn wenn etwas in der Natur verwirklicht ist, dann ist es sicher auch möglich.

Abschließend möchte ich noch auf einen wichtigen Aspekt hinweisen. Verschiedenste philosophische Schulen sind im Laufe der Geschichte von gewissen angeblich unbestreitbaren und elementaren Fähigkeiten des menschlichen Denkens ausgegangen. Mit Hilfe solcher Fähigkeiten sind dann mehr oder weniger grandiose Systeme erbaut worden. Unternimmt man es aber, diese elementaren Fähigkeiten zu analysieren, sie logisch präzise zu beschreiben oder gar modellhaft nachzukonstruieren, dann erweisen sie sich als äußerst komplexe Prozesse. Eine gewisse Ahnung davon hätten die Philosophen freilich schon lange bekommen, wenn sie sich ein wenig mit den vielfältigen Störungen befaßt hätten, die bei den sogenannten elementaren Fähigkeiten auftreten können. Jeder Nervenarzt kann davon berichten.

Als Beispiel sei vor allem der Problemkreis der Assoziation erwähnt. In der klassischen empiristischen Philosophie etwa eines *David Hume* spielt die Assoziation eine zentrale Rolle. Mit ihrer Hilfe werden alle möglichen Probleme gelöst, bis hin zur allgemeinen Kausalität. Heute aber wissen wir, daß die logische Formulierung eines assoziativen Gedächtnisses ein sehr schweres Problem ist, das bisher nicht befriedigend gelöst ist. Und zur Nachkonstruktion eines solchen Gedächtnisses müssen jene Naturgesetze, die die frühen Empiristen gerade unter Berufung auf die Assoziationsfähigkeit erklärten, bereits vorausgesetzt werden.

Oder denken wir an die Voraussetzungen für die Fähigkeit, den Gebrauch der Sprache zu erlernen. Als eine sogenannte minimale Voraussetzung hierfür wird gerne die Fähigkeit genannt, gewisse »einfache« Situationen wiederzuerkennen. Auch diese Fähigkeit des Wiedererkennens ist in Wirklichkeit nur ein Name für ein ungemein komplexes Geschehen. Das zentrale Problem dabei ist, nach welchen Methoden der Mensch aus der Fülle der Erlebnisse seine Begriffe abstrahiert. Ich denke dabei gar nicht an hochgestochene hermeneutische Fragen, wie sie bei den höheren Begriffen auftreten, sondern etwa an die simple Frage, wie man das Wort GRÜN lernt. Es wäre falsch anzunehmen, daß wir dieses Wort durch wiederholte Darbietung exakt derselben elektromagnetischen Schwingung und exakt desselben Lautgebildes erlernen. Wir abstrahieren dieses Wort aus einer Vielzahl unterschiedlicher Farbnuancen und aus einer großen Menge unterschiedlichster sprachlicher Darbietungen. Es gehört ja in der Tat eine Menge Abstraktionsvermögen dazu, wenn man behauptet, in Flensburg und in Bern werde dieselbe Sprache, genannt Hochdeutsch, gesprochen.

Obwohl die logische Analyse solcher Abstraktionsvorgänge heute noch keineswegs besonders erfolgreich ist, ist es doch ganz sicher, daß ihnen ein sehr vielschichtiges Geschehen zugrunde liegt, vielschichtiger, als manche Philosophen bisher wahrhaben wollten. –

So führt die Wechselbeziehung zwischen Logik und Denken nicht nur zu einer erfreulichen Zusammenarbeit und Verschmelzung von Disziplinen, sondern sie erzwingt auch ein neues Durchdenken der traditionellen Erkenntnistheorie, was beweist, daß die Philosophie nur gewinnen kann, wenn sie sich in die »Niederungen der Empirie« begibt.

Bibliographische Hinweise

Logische Theorie der Schaltnetzwerke:
U. WEYH, *Elemente der Schaltungsalgebra,* München (Oldenbourg), 4. Aufl. 1966.
J. E. WHITESITT, *Boolesche Algebra und ihre Anwendungen,* Braunschweig (Vieweg), 2. Aufl. 1968.

Theorie der Nervennetzwerke:
W. S. MCCULLOCH, *Embodiments of Mind,* M.I.T. Press 1965.
J. v. NEUMANN, *Probabilistic Logics and the Synthesis of Reliable Organisms from Unreliable Components,* in: Automata Studies, edit. C. E. SHANNON, J. MCCARTHY, Princeton Univ. Press 1956.
J. T. CULBERTSON, *The Mind of Robots,* Univ. of Illinois Press, 2. Aufl. 1963.

Perceptron:
M. MINSKY, S. PAPERT, *Perceptrons,* M.I.T. Press 1968.
N. J. NILSSON, *Learning Machines,* McGraw-Hill Book Co. 1965.

Problemlösen:
A. NEWELL, I. C. SHAW, H. A. SIMON, *Report on a General Problem Solving Program,* in: Proc. of the Intern. Conf. on Information Processing, edit. by UNESCO, München/Wien (Oldenbourg) 1960.
R. B. BANERJI, *Theory of Problem Solving,* New York (Elsevier Publ. Co.) 1969.
F. KLIX und K. RAUTENSTRAUCH-GOEDE, *Struktur- und Komponentenanalyse von Problemlösungsprozessen,* in: Zeitschr. f. Psychologie, Bd. 174 (1967), S. 167 bis 193.
Das Diagramm auf Seite 17 für die Übersetzung von arabischen in römische Ziffern ist mit freundl. Genehmigung des Verlages entnommen dem Buch:
Nicht-numerische Informationsverarbeitung, hrsg. von R. GUNZENHÄUSER, Wien/New York (Springer) 1968, S. 59.

Reduktion von Inhaltlichem auf Formales:
H. SCHLEICHERT, *Verstehen – Versuch eines Modells · Berichte des wissenschaftstheoretischen Kolloquiums in Düsseldorf 1969* (noch nicht erschienen).
Semantic Information Processing, edit. M. MINSKY, M.I.T. Press 1968.

Erkenntnistheorie:
R. CARNAP, *Der logische Aufbau der Welt,* Hamburg (Meiner) 1928 (2. Aufl. 1961).

Anhang

Programme zur Lösung der im Text näher behandelten Probleme in FOTRAN IV

Flußdiagramm (siehe Seite 19) und Programm für das Umwandeln von arabischen in römische Zahlen stammen von Wolfgang Froehlich; dem Programm für den Turm von Hanoi liegt ein Flußdiagramm zugrunde, das Eilgard Schönhage im Rahmen einer Lehrveranstaltung des Verfassers entworfen hat; das Programm für das Fünferspiel nach dem Lösungsprinzip des GPS hat Gertraud Schleichert entworfen. Ihnen allen sei herzlich gedankt.
Das Fünferspiel läßt sich erweitern zum Beispiel zu einem »Fünfzehnerspiel« auf 4 mal 4 Feldern oder zu einem »31-Spiel« auf 4 mal 8 Feldern. Einige Hinweise für die Programmierung des Fünfzehnerspieles findet man in dem Buch *Game Playing With Computers* von DONALD D. SPENCER, New York (Spartan Books) 1968.
Alle Programme wurden auf der Rechenanlage TR 4 von AEG-Telefunken getestet.

```
C     W.FROEHLICH,JAENNER 1970
C     UMWANDLUNG ARAB. IN ROEM. ZAHLEN
C
      INTEGER TFORM, EFORM, TFELD, HFELD, ZFELD, EFELD, SPEZI, FORM
      INTEGER AUSGAB
      DIMENSION TFORM(9),TFELD(4),HFELD(9),ZFELD(9),EFELD(9),SPEZI(8)
      COMMON FORM(8),AUSGAB(4),K,L
C
C     LOESUNG MIT HILFE VON TABELLEN
C     DIE TABELLEN WERDEN DURCH DIE FOLGENDEN
C     DATA-ANWEISUNGEN AUFGEBAUT
C
      DATA TFORM/3H,A1,3H,A2,3H,A3,3H,A2,3H,A1,3H,A2,3H,A3,3H,A4,3H,A2/
      DATA EFORM,FORM/1H),12H(1H ,4I4,3X, /
      DATA TFELD/1HM,2HMM,3HMMM,4HMMMM/
      DATA HFELD/1HC,2HCC,3HCCC,2HCD,1HD,2HDC,3HDCC,4HDCCC,2HCM/
      DATA ZFELD/1HX,2HXX,3HXXX,2HXL,1HL,2HLX,3HLXX,4HLXXX,2HXC/
      DATA EFELD/1HI,2HII,3HIII,2HIV,1HV,2HVI,3HVII,4HVIII,2HIX/
      DATA SPEZI/2HID,2HXD,2HIL,2*0 ,2HIM,2HXM,2HIC/
C
      WRITE(1,3000)
 3000 FORMAT(1H1)
   10 READ (12,1000) I4,I3,I2,I1
 1000 FORMAT (4I1)
      IF(I4+I3+I2+I1.LE.0)STOP
C     GRUNDSTELLUNG DER SCHREIBZEIGER FUER UP
      L=0
      K=3
C
      IF (I4.LE.4) GOTO 20
```

```
      WRITE (1,2000) I4,I3,I2,I1
 2000 FORMAT (1H ,4I1,14H ZAHL ZU GROSS)
      GOTO 10
   20 IF (I4.EQ.0) GOTO 30
      CALL UP (TFORM(I4+4),TFELD(I4))
   30 I20=10*I2
      IF (I3.EQ.0) GOTO 40
      I30=100*I3
      I321=I30+I20+I1
      IF (I321.EQ.999.OR.I321.EQ.499) GOTO 60
      I32=I30+I20
      IF (I32.EQ.990.OR.I32.EQ.490) GOTO 70
      CALL UP (TFORM(I3),HFELD(I3))
   40 IF (I2.EQ.0) GOTO 50
      I21=I20+I1
      IF (I21.EQ.99.OR.I21.EQ.49) GOTO 80
      CALL UP (TFORM(I2),ZFELD(I2))
   50 IF (I1.EQ.0) GOTO 55
      CALL UP (TFORM(I1),EFELD(I1))
   55 K=K+1
      FORM(K)=EFORM
      WRITE (1,FORM) I4,I3,I2,I1, (AUSGAB(J),J=1,L)
      GOTO 10
   60 CALL UP (TFORM(2),SPEZI(I3-3))
      GOTO 55
   70 CALL UP (TFORM(2),SPEZI(I3-2))
      GOTO 50
   80 CALL UP (TFORM(2),SPEZI(I2-1))
      GOTO 55
      END
```

```fortran
      SUBROUTINE UP (P1,P2)
C     UNTERPROGRAMM ZUM AUFBAU DES
C     FORMAT- U. AUSGABESTRINGS
C
C     P1...DEZIMALWERT DER ENTSPRECHENDEN STELLE
C     P2...ADRESSE DES ZUGEORD. FORMATFELDES
C     K ...SCHREIBZEIGER IM FORMATSTRING
C     L ...SCHREIBZEIGER IM AUSGABESTRING
      INTEGER P1, P2, AUSGAB, FORM
      COMMON FORM (8), AUSGAB(4),K,L
      K=K+1
      L=L+1
      FORM(K)=P1
      AUSGAB(L)=P2
      RETURN
      END
```

```
C       H.SCHLEICHERT,E.SCHOENHAGE, FEBER 1970
C       DER TURM VON HANOI
C
C       LOESUNG DURCH WIEDERHOLTE
C       BILDUNG VON TEILZIELEN
C
        DIMENSION NR(10)
        INTEGER ZIEL,P(10)
C
        READ(12,300)N
    300 FORMAT(I2)
        READ(12,301)(P(I),I=1,N)
    301 FORMAT(10I2)
C       N...ANZAHL DER SCHEIBEN
C       P(K)=1...SCHEIBE NR.K LIEGT AUF PLATZ 1
C
        WRITE(1,105)
    105 FORMAT(1H1)
        DO 17 I=1,N
     17 NR(I)=I
        WRITE(1,103)(NR(I),I=1,N)
    103 FORMAT(1H0,'SCHEIBE NR.     ',10I3)
        WRITE(1,104)(P(I),I=1,N)
    104 FORMAT(1X,'LIEGT AUF PLATZ ',10I3)
     60 K=N
      4 IF(P(K).EQ.3)GOTO23
        K1=K
        ZIEL=3
        WRITE(1,101)K1,ZIEL
    101 FORMAT(10X,'SUBZIEL FUER SCHEIBE ',I2,' IST PLATZ ',I1)
```

```
      IF(P(K).EQ.1)GOTO22
21 K=K-1
      IF(K.EQ.0)GOTO3
      IF(P(K).EQ.1)GOTO21
      K1=K
      ZIEL=1
      WRITE(1,101)K1,ZIEL
      IF(P(K).EQ.2)GOTO23
22 K=K-1
      IF(K.EQ.0)GOTO3
      IF(P(K).EQ.2)GOTO22
      K1=K
      ZIEL=2
      WRITE(1,101)K1,ZIEL
      IF(P(K).EQ.1)GOTO23
      GOTO21
23 K=K-1
      IF(K.NE.0)GOTO4
      IF(P(K1).EQ.ZIEL)STOP
 3 M=P(K1)
      P(K1)=ZIEL
      WRITE(1,102)M,ZIEL
102 FORMAT(10X,'ZUG ',2I1,' FUEHRT ZUR SITUATION')
      WRITE(1,103)(NR(I),I=1,N)
      WRITE(1,104)(P(I),I=1,N)
      GOTO 60
      END
```

```
C      G.SCHLEICHERT FEBER 1970
C      FUENFERSPIEL, LOESUNG NACH
C      DEM SCHEMA 'GPS'.
C
       INTEGER A(2,3), B(6), R , D1, D2
     1 READ(12,103)B
   103 FORMAT (6I2)
C      103 IST DAS EINLESEFORMAT DER AUFGABE
       WRITE ( 1, 104 ) B
   104 FORMAT (1H1,10X,'AUFGABE',5X,3I2/23X,3I2)
C      ENDABFRAGE
       IF (B(1) .GT. 5) STOP
    30 CALL NULL (B,R)
       DO 17 I =1,5
       IF (B(I) .NE.I) GOTO 10
    17 CONTINUE
   991 WRITE (1,100)
   100 FORMAT (11X,'AUFGABE GELOEST')
       GOTO 1
C
C      LOESUNGSVERSUCHE
    10 CALL STOER (B,D1)
       WRITE (1, 105) D1
   105 FORMAT (1H+,41X,'D =',I3)
       IF (D1.EQ.0) GOTO 60
    44 IF(R.EQ.1)GOTO43
       IF(R.EQ.3)GOTO43
       IF(R.EQ.4)GOTO43
       IF(R.EQ.6)GOTO43
       IF(R.EQ.2) GOTO 41
```

```fortran
      CALL REGEL(-3,B,R)
      WRITE (1, 107) B
  107 FORMAT (1H0,10X,'REGEL 3',12X,3I2/30X,3I2)
      GOTO 42
   43 CALL SHIFT (B,R)
      WRITE (1,101) B
  101 FORMAT (1H0,10X,'SHIFT',14X,3I2/30X,3I2)
      GOTO 44
   41 CALL REGEL(3,B,R)
      WRITE (1, 106) B
  106 FORMAT (1H0,10X,'REGEL-3',12X,3I2/30X,3I2)
   42 CALL STOER (B,D2)
      WRITE (1, 105) D2
C
C     PRUEFUNG, OB DER LOESUNGSVERSUCH
C     DIE DISTANZ VERRINGERT HAT
      IF (D2 .GE. D1) GOTO 20
      IF (D2 .NE. 0 ) GOTO 21
   40 DO 27 I=1,5
      IF(B(I).NE.I)GOTO 60
   27 CONTINUE
      WRITE(1,100)
      GOTO 1
C
   21 CALL RINGV(B,R,1)
      D1 = D2
      WRITE (1,109)B
  109 FORMAT (1H0,10X,'RINGV.',13X,3I2/30X,3I2)
      GO TO 30
C
```

```
C     RUECKNAHME ERFOLGLOSER VERSUCHE
   20 IF (R.EQ.2) GOTO 50
      CALL REGEL(-3,B,R)
   51 WRITE(1,108)B
  108 FORMAT (1H0,10X,'RUECKNAHME',9X,3I2/30X,3I2)
      CALL RINGV(B,R,1)
      WRITE (1,109)B
      GOTO 30
   50 CALL REGEL(3,B,R)
      WRITE (1,109)B
      GOTO 51
C
C     DURCHSCHIEBEN DER NULL
   60 CALL ZERO (B)
   70 DO 99 J=1,5
      IF(B(J).EQ.J) GOTO 991
   99 CONTINUE
      CALL RINGV(B,R,-1)
      WRITE (1,109)B
      GOTO 70
      END
```

```fortran
      SUBROUTINE STOER(B,D)
C
      INTEGER B(6),C(6),D
      D=0
      C(1)=B(1)
      C(2)=B(2)
      C(3)=B(3)
      C(4)=B(6)
      C(5)=B(5)
      C(6)=B(4)
      DO 17 I=1,6
      IF(C(I).EQ.0)GOTO 17
      IF(C(I).EQ.1) K=2
      IF (C(I).EQ.2)  K=3
      IF(C(I).EQ.3)K=5
      IF(C(I).EQ.5)K=4
      IF(C(I).EQ.4)K=1
      DO 18 J=1,5
      L1=I+J
      L=L1-6
      IF(L1.LE.6)L=L1
      IF(C(L).EQ.K)GOTO17
      IF(C(L).EQ.0)GOTO18
      D=D+1
   18 CONTINUE
   17 CONTINUE
      RETURN
      END
```

```
      SUBROUTINE SHIFT (B,R)
C     'SHIFT' BRINGT DIE NULL IN POSITION 2
C     ODER 5 UND STELLT DEN ZEIGER R
C
      INTEGER B(6),R
      GOTO (10,10,11,10,10,11),R
   10 CALL REGEL(1,B,R)
      RETURN
   11 CALL REGEL(-1,B,R)
      RETURN
      END
```

```fortran
      SUBROUTINE ZERO (B)
C     TRANSPORT DER NULL ZUR FUENF
      INTEGER B(6),C(6),R,S
      C(1) = B(1)
      C(2) = B(2)
      C(3) = B(3)
      C(4) = B(6)
      C(5) = B(5)
      C(6) = B(4)
      CALL NULL(C,R)
    2 K=R+1
      S=K
      IF(S.GT.6) S=1
      IF (C(S).EQ.5) GOTO 3
      C(R) = C(S)
      C(S) = 0
      WRITE (1,4) C(1),C(2),C(3),C(6),C(5),C(4)
    4 FORMAT (1H0,10X,'ZERO',15X,3I2/30X,3I2)
      R = S
      GO TO 2
    3 B(1) = C(1)
      B (2) = C(2)
      B (3) = C(3)
      B(4) = C(6)
      B (5) = C(5)
      B (6) = C(4)
      RETURN
      END
```

```
      SUBROUTINE LIRE(B,LINKS)
C     INTEGER B(6)
      LOGICAL LINKS
      LINKS=.TRUE.
      DO 7 J=4,6
      IF (B(J).EQ.1)LINKS=.FALSE.
    7 CONTINUE
      RETURN
      END
```

```fortran
      SUBROUTINE RINGV(B,R,K)
C     'RINGV' VERSCHIEBT DIE GANZE ANORDNUNG
C     UM EIN FELD NACH LINKS BZW. NACH RECHTS
C
      INTEGER B(6),C, R
      LOGICAL LINKS
      IF(K.GE.1)  GOTO 10
      CALL LIRE (B,LINKS)
      IF (LINKS) GOTO 10
      C = B(1)
      B(1) = B(4)
      B(4) = B(5)
      B(5) = B(6)
      B(6) = B(3)
      B(3) = B(2)
      B(2)=C
      CALL NULL ( B, R )
      RETURN
   10 C = B(1)
      B(1)=B(2)
      B(2)=B(3)
      B(3)=B(6)
      B(6)=B(5)
      B(5)=B(4)
      B(4)=C
      CALL NULL ( B, R )
      RETURN
      END
```

```
      SUBROUTINE NULL (B,R)
C     'NULL' SUCHT DIE STELLUNG DER
C     NULL UND UEBERGIBT SIE IM PARAMETER 'R'.
C
      INTEGER B(6),R
      DO 71  J=1,6
      IF(B(J).EQ.0)GOTO 72
   71 CONTINUE
   72 R=J
      RETURN
      END
```

```
SUBROUTINE REGEL(J,B,R)
INTEGER R,B(6)
K = R+J
B(R)=B(K)
B(K) = 0
R=R+J
RETURN
END
```

Dr. phil. HUBERT SCHLEICHERT, Wissenschaftl. Rat im Fachbereich Philosophie der Universität Konstanz, wurde am 30. 7. 1935 in Wien geboren. Er studierte Philosophie, Psychologie und Humanbiologie an der Universität Wien, wo er 1957 auch promovierte. Anschließend war er in der Datenverarbeitung und als wissenschaftlicher Bibliothekar tätig. Seit dem Frühjahr 1967 Assistent an der Universität Konstanz, habilitierte er sich 1968 an dieser Universität mit einer Arbeit über »Beiträge zu einer Semantik der Physik«.
Hauptarbeitsgebiete Schleicherts sind Wissenschaftslogik und Methodologie der Einzelwissenschaften. Neben Publikationen in Fachzeitschriften veröffentlichte er die Werke »Die erkenntnislogischen Grundlagen der klassischen Physik« (zusammen mit Béla Juhos) (1963) und »Elemente der physikalischen Semantik« (1966). Zur Zeit arbeitet er an Untersuchungen über kybernetische Aspekte des Bewußtseins und über logische Probleme des Lernens.

Der hier wiedergegebene Vortrag wurde am 8. Dezember 1969 als öffentliche Antrittsvorlesung an der Universität Konstanz gehalten.

KONSTANZER UNIVERSITÄTSREDEN
HERAUSGEGEBEN VON GERHARD HESS

1. Gerhard Hess: Probleme der deutschen Hochschule und die Neugründungen
2. Waldemar Besson: Die großen Mächte
3. Hans Robert Jauß: Literaturgeschichte als Provokation der Literaturwissenschaft (Doppelband)
4. Hans Aebli: Natur und Kultur in der Entwicklung des Menschen
5. Friedrich Kambartel: Was ist und soll Philosophie?
6. Ralf Dahrendorf: Die Soziologie und der Soziologe – Zur Frage von Theorie und Praxis
7. Franz Georg Maier: Archäologie und Geschichte · Ausgrabungen in Alt-Paphos (Zypern)
8. Horst Sund: Evolution und Struktur der Proteine
9. Manfred Fuhrmann: Die Antike und ihre Vermittler · Bemerkungen zur gegenwärtigen Situation der klassischen Philologie
10. Peter Hemmerich: Anorganische Aspekte des Lebens
11. Wolfgang Pfleiderer: Organische Chemie – gestern, heute morgen
12. Dirk Pette: Zellphysiologie des Stoffwechsels
13. Wolfgang Preisendanz: Über den Witz
14. Herbert Nesselhauf: Der Ursprung des Problems »Staat und Kirche«
15. Jurij Striedter: Dichtung und Geschichte bei Puškin
16. Gerhard Hess: Die Universität Konstanz – Reform als ständige Aufgabe
17. Arno Borst: Geschichte an mittelalterlichen Universitäten
18. Rolf-Richard Grauhan: Modelle politischer Verwaltungsführung
19. Frederic Vester: Planung, Forschung, Kommunikation im Team
20. John Francis Embling: Die neuen britischen Universitäten als Instrumente der Reform

21. Horst Rabe: Autorität – Elemente einer Begriffsgeschichte
22. Wolfgang Brezinka: Über Absicht und Erfolg der Erziehung · Probleme einer Theorie der erzieherischen Wirkung
23. Karl-Heinz Flechsig: Die technologische Wendung in der Didaktik
24. Detlef Kantowsky: Indien – am Vorabend der Revolution?
25. Fritz Scharpf: Demokratietheorie zwischen Utopie und Anpassung (Dreifach-Band)
26. Eberhardt Weiler: Immunitätsforschung und das Dogma der molekularen Biologie
27. Gerhard Neubauer: Kalkül und Figur – Von Descartes zu Hilbert
28. Wolfgang Iser: Die Appellstruktur der Texte · Unbestimmtheit als Wirkungsbedingung literarischer Prosa
29. Ulrich Gaier: Form und Information – Funktionen sprachlicher Klangmittel
30. Hubert Schleichert: Logik und Denken (Doppelband)
31. Josef Schrenk: Zum Größeninventar einer Theorie des Satzes
32. Wolf-Dieter Stempel: Linguistische Aspekte des Verstehens
33. Peter Hartmann: Aufgaben und Perspektiven der Linguistik
34. Friedrich Sixtl: Die Gültigkeit von Prädiktoren bei den identifizierbaren Merkmalsträgern
35. Gerold Adam: Die Steuerung des Ionentransportes durch die Zellmembran
36. Hans Batzer: Über die Bedeutung synthetischer Makromoleküle
37. Wolrad Vogell: Struktur und Funktion der Zelle

Die Reihe Konstanzer Universitätsreden wird fortgesetzt